AF466157

DISCOURS HISTORIQUE

SUR

L'ÉGYPTE.

PAR M. AGOUB,

MEMBRE DU CONSEIL DE LA SOCIÉTÉ ASIATIQUE.

PARIS,

DE L'IMPRIMERIE DE RIGNOUX,

RUE DES FRANCS-BOURGEOIS-SAINT-MICHEL, n° 8.

1823.

A Monsieur Langlès, de l'Instit

hommage de l'auteur.

DISCOURS HISTORIQUE

SUR

L'ÉGYPTE.

DISCOURS HISTORIQUE

SUR

L'ÉGYPTE.

PAR M. AGOUB,

MEMBRE DU CONSEIL DE LA SOCIÉTÉ ASIATIQUE.

PARIS,

DE L'IMPRIMERIE DE RIGNOUX,

RUE DES FRANCS-BOURGEOIS-SAINT-MICHEL, n° 8.

1823.

DISCOURS HISTORIQUE

SUR

L'ÉGYPTE.

L'HISTOIRE est une école publique où s'instruisent les nations; c'est l'expérience de tous les âges qui vient au secours du présent, et, par des exemples mémorables, nous aide à méditer les chances de l'avenir. L'histoire a des leçons pour tous les hommes : elle signale à l'effroi des peuples les déplorables effets de leurs discordes, et ce tableau sanglant leur conseille la modération et la justice. C'est elle qui enseigne aux rois comment, sous un règne éclairé, le pouvoir devient une protection et le trône un abri. « Quand l'histoire serait inutile aux autres hommes, dit Bossuet, il faudrait la faire lire aux princes. »

Mais c'est surtout en faveur du sage que l'histoire ouvre tous ses trésors et prodigue toutes ses vérités. Elle détourne un instant sa pensée des vaines agitations de la vie, et le transportant sur un plus grand théâtre, elle déroule à ses yeux la chaîne des temps : chaîne immense dont le dernier anneau se rattache à la création! spectacle imposant où comparaissent à la fois les peuples, les ères et les empires! Quel assemblage étonnant de fortunes diverses! que de cités détruites, de dynasties éteintes, de royaumes anéantis! Partout des ruines et des tombeaux : c'est aux tombeaux que tout aboutit; ce sont les tombeaux qui dominent seuls sur la scène du monde! Que le faste des hommes paraît misérable, lorsqu'il est ainsi jugé des hauteurs de l'histoire! combien la société qui nous entoure est peu de chose en présence de cette vaste assemblée des générations! Que sont alors ces potentats dont notre œil a mesuré la grandeur physique, à côté de ces êtres prodigieux qui apparaissent comme autant de colosses sur l'horizon de l'antiquité? Que sont nos querelles d'un jour et nos ambitions d'un moment, auprès de cette vieille querelle du genre humain se disputant les lambeaux de la terre?

Dans ces grandes contemplations historiques, l'âme contracte des habitudes sérieuses, et s'élève à de sublimes méditations. De là, comme du haut d'une région supérieure, nous voyons s'agiter sous nos pieds ce mobile océan du monde, où tant d'espérances flottent sans gouvernail, à la merci de tous les orages, se brisant sur tous les écueils, et n'ayant d'autre port que le néant. De quel œil désintéressé nous considérons alors ces biens périssables et ces honneurs mensongers qui sont ici bas l'objet de tant de convoitises! Partout dans les destinées humaines se décèle une effrayante instabilité : là, des trônes tombent, ici des trônes s'élèvent; le même temple a souvent vu se succéder sur ses autels des divinités ennemies; d'horribles attentats se commettent où brillèrent d'éclatantes vertus; des périodes de gloire et d'opulence sont terminées obscurément par des périodes de misère; la barbarie et la civilisation parcourent à pas pressés la surface du globe et se suivent quelquefois sans intervalle. Qu'êtes-vous devenues, cités puissantes de l'Asie, qui régissiez les nations? Ninive, Babylone, Persépolis, Palmire, antiques métropoles des arts, vous avez été remplacées par un désert. Un nom et quelques pierres, voilà tout ce qui reste de votre orgueil et de votre splendeur. Mais quelle contrée de l'univers offre des exemples plus frappans des vicissitudes humaines, que cette vénérable et malheureuse Égypte qui dévança jadis tous les empires dans la route des honneurs, de la sagesse et des sciences ? La fortune semble avoir versé à la fois sur cette terre célèbre toutes ses faveurs et toutes ses disgrâces. Et cependant, quel peuple avait plus fait d'efforts que les Égyptiens pour asseoir sur des bases durables l'édifice de leur grandeur ? Là, tout tendait à être éternel : tout a péri.

Les Égyptiens d'aujourd'hui ne sont pas même une nation : assemblage hétérogène de différentes races de l'Asie et de l'Afrique, c'est un mélange sans unité ; ce sont des traits divers qui ne composent pas une physionomie. On dirait que tous les pays de la terre ont participé à la population des bords du Nil. Après avoir subi le joug des rois pasteurs et des Éthiopiens, la patrie des pharaons, ouverte à toutes les conquêtes, a tour à tour reçu sur ses bords les habitans de la Perse et de la Macédoine, de Rome et de l'Arabie, des contrées du Caucase et du Bosphore. Chacun de ces peuples y a laissé quelque élément de son existence ou quelque trace de son génie. S'il subsiste encore une tradition du caractère primitif des anciens Égyptiens, c'est dans les édifices majestueux qu'ils ont légués à notre admiration; mais ces édifices attestent, par la magnificence même de leurs débris, tout ce qu'il y a d'impuissance dans la lutte des hommes contre le temps.

Comme si, plus près de leur origine, les mortels dussent conserver une empreinte moins altérée du sceau divin, les Égyptiens possédèrent toutes les vertus qui maintiennent les sociétés. Justes, pieux, tempérans, attachés au maintien de l'ordre public, ils faisaient de l'esprit de famille un sentiment héréditaire, et portaient la reconnaissance des bienfaits jusqu'à l'enthousiasme. Le culte des morts fut pour eux une religion comme le culte des dieux. Des lois, dont toute l'antiquité a proclamé la sagesse, resserraient entre eux les liens de la concorde, protégeaient à la fois toutes les conditions, et prévenaient l'oisiveté, ce fléau secret des états. Une passion sublime domina constamment les Égyptiens et sut imprimer à leurs travaux le caractère immuable des ouvrages de la nature. Cette passion, féconde en grands résultats, fut l'amour de la gloire; non de cette gloire mensongère qui se contente de la célébrité d'un jour et fonde ses trophées sur des arts frivoles; mais de cette gloire de tous les temps, pour qui le présent n'est rien, qui vit tout entière dans l'avenir, et que les générations se transmettent de siècle en siècle, comme un brillant et inépuisable héritage. Indépendante des intérêts futiles où s'engage la multitude, elle mettait sans cesse les Égyptiens en présence avec la postérité. Comme elle avait sa source dans un profond sentiment de la dignité de l'homme, elle savait les prémunir contre les goûts inconstans et le caprice des innovations. Ils arrêtaient les progrès des arts là où ils cessaient d'être utiles; ce n'était pas chez eux ce vain luxe des cours qui ne sert le plus souvent qu'à déguiser, sous quelques fleurs, la décrépitude des nations. Le caractère des Égyptiens était essentiellement grave et observateur: ils étaient nés pour les sciences. Les sciences sont une des principales richesses des peuples policés; elles multiplient les ressorts de leur vie industrielle et agricole; elles complètent ou corrigent les grandes ébauches de la nature; elles avaient je ne sais quelle analogie avec le sol même de l'Égypte : les Égyptiens la comprirent. Ce fut là la plus importante de leurs découvertes et la source de toutes les autres.

Le Nil, ce fleuve merveilleux qu'on pourrait appeler le créateur de l'Égypte, puisqu'elle n'eût été sans lui qu'une aride solitude, fut en quelque sorte le premier instituteur des Égyptiens. Dans ses débordemens périodiques, il confondait tous les ans les limites des propriétés, et l'on était obligé de mesurer de nouveau la superficie des terres. Chacun rentrait alors dans son patrimoine, et comme les citoyens étaient tous intéressés à l'exactitude de l'arpentage, on fit de la géométrie une étude assidue. Cette science fut donc inventée en Égypte presque en même temps que l'agriculture, qui naquit partout avec l'homme. Mais le bienfait de l'inondation n'atteignait pas également toutes les surfaces labourables de la contrée; l'industrie vint réparer cette négligence de la nature : de nombreux canaux sillonnèrent l'Égypte dans tous les sens, et une habile distribution des eaux, multipliant le fleuve à l'infini, porta la fécondité et la vie jusqu'aux dernières extrémités du territoire : de là, les connaissances hydrauliques, qui étaient si intimement liées à la prospérité intérieure du royaume, et auxquelles les Égyptiens, en creusant le fameux Lac de Mœris, donnèrent une si utile et si éclatante application. Il importait surtout à ce peuple investigateur d'observer la marche des astres, afin de déterminer les diverses époques de l'année agricole; sous un ciel aussi constamment pur, le système des phénomènes célestes fut presque aussitôt compris qu'étudié, et l'astronomie devint la science favorite des Égyptiens. La nature avait sans doute beaucoup fait pour l'Égypte en la resserrant à l'orient et à l'occident, entre deux chaînes de montagnes qui la protégeaient contre les envahissemens du désert; mais il semble qu'elle eût eu regret de ne rien laisser à faire aux Égyptiens : elle ouvrit, d'intervalle en intervalle, de larges vallées, qui, interrompant ces remparts éternels, offraient un libre accès à l'irruption des sables. Aussitôt des bois d'acacias et de palmiers occupèrent ces dangereuses issues, et la marche du désert fut arrêtée. En d'autres endroits, des constructions immenses s'élevèrent, et l'on eût cru y voir une continuation des masses de la montagne. Tant d'efforts ne furent point perdus pour les Égyptiens : les sables respectèrent la limite des terres cultivées, et ce triomphe de l'agriculture contre le désert trouva une ingénieuse allégorie dans le combat d'Osiris et de Typhon.

Après avoir ainsi corrigé la constitution géologique de leur pays, pourvu à tous les besoins de l'industrie, garanti toutes les existences et fécondé les diverses routes de la prospérité nationale, les Egyptiens, régis par des lois qu'ils croyaient tenir des dieux, et désormais sûrs du présent, portèrent leurs regards vers l'avenir. Ils conçurent la noble ambition de perpétuer dans les âges futurs leurs titres à la reconnaissance des hommes ; ils voulaient transmettre à la postérité la plus reculée le dépôt sacré de leurs connaissances, les souvenirs historiques de la patrie et l'ensemble de leurs dogmes religieux. Rien ne leur parut plus propre que l'architecture à réaliser cette grande et morale pensée. Alors il se développa dans toutes les veines de la société une énergie extraordinaire : tous les bras et toutes les volontés se réunirent dans un commun effort; le sein des montagnes fut creusé, des carrières nombreuses livrèrent au ciseau leurs granits les plus précieux, des blocs d'une proportion colossale descendirent des hauteurs de Syène et naviguèrent sur le fleuve. Bientôt d'un bout de l'Égypte à l'autre, des édifices prodigieux, ouvrages les plus étonnans qu'ait jamais tentés la puissance humaine, peuplèrent les airs de leurs sommets gigantesques, et portèrent jusqu'au ciel les images des dieux et les louanges des héros.

Quand un peuple crée une architecture, il y laisse l'empreinte de son caractère : celle des Égyptiens était grave comme leurs mœurs; le style en était simple mais imposant, austère mais sublime. Les Grecs ne virent dans l'architecture que l'art d'élever des temples aux dieux et des palais aux rois; à ce but général et apparent, l'architecture égyptienne en joignait un autre qui lui était propre : les monumens devaient recevoir, sur toutes leur faces, des sculptures religieuses et de grandes pages hiéroglyphiques. Les Grecs appliquèrent donc toute leur étude à l'élégance ingénieuse des formes, à l'harmonie des proportions, à la grâce et à la légèreté de la perspective : ils n'aspiraient qu'au perfectionnement de l'art en lui-même. Instituée pour des fins autrement importantes, l'architecture égyptienne s'était choisi un style et des proportions analogues à sa tendance favorite : il n'y avait là ni frontons, ni dômes, ni arcades ; toutes les lignes étaient droites, toutes les surfaces planes, toutes les formes quadrangulaires : partout des angles, nulle part des convexités. Les dimensions extraordinaires adoptées par les Égyptiens avaient surtout un double résultat : plus l'échelle était grande et plus le monument devait être durable, plus il offrait d'espace aux bas-reliefs. Dans l'architecture des Grecs, la décoration d'un édifice n'avait en vue que l'ornement ; dans celle des Égyptiens, l'ornement était subordonné à l'utilité. Chez les premiers, la sculpture devint un art séparé qui eut ses règles et sa théorie ; chez les seconds, cet art n'avait jamais été qu'un auxiliaire de l'architecture : ce qui fut un *but* pour les uns, n'avait été qu'un *instrument* pour les autres.

Les Grecs, en un mot, ne voyaient dans leurs édifices que des édifices; les constructions égyptiennes étaient en même temps les archives littéraires de la nation : c'était une immense bibliothéque monumentale dont les feuillets, épars sur les bords du Nil, devaient être éternellement exposés aux regards de la multitude.

Le mérite de l'architecture grecque était perdu pour la masse des citoyens; il n'y avait que les artistes et les hommes de goût qui fussent appelés à le comprendre et à le sentir. Les impressions de l'architecture égyptienne n'étaient étrangères à aucune classe, à aucun âge, à aucun sexe. La grandeur d'un édifice agit également sur toutes les intelligences; la correction et la grâce ne frappent que des yeux exercés; leur charme échappe aux regards vulgaires. L'aspect d'un monument grec nous séduit, nous captive, nous attache; il y a presque de l'amour dans notre admiration. Devant un temple égyptien, on se tait et l'on médite; et dans cette admiration muette et profonde, il y a quelque chose qui ressemble à de l'effroi. L'architecture des Grecs est toute poétique; celle des Égyptiens toute religieuse. L'une parle à notre esprit, à notre cœur, je dirai presque à nos sens; l'autre, plus sévère, s'adresse à notre raison. Dans la première, nous reconnaissons le type du beau; la seconde nous familiarise avec l'idée de l'infini; elle nous entretient de l'éternité.

Mais l'histoire nous prouve que si c'est dans les monumens publics qu'un peuple éclairé doit manifester sa grandeur, ce n'est que dans ses institutions qu'il doit mettre sa force : les édifices ornent la majesté des villes; les institutions sauvent les empires. Celles des Égyptiens étaient le véritable palladium de leur indépendance; c'était l'arche sainte à laquelle était attaché le salut du royaume. Les préceptes du gouvernement civil, les doctrines sacrées, le souvenir des ancêtres, les sciences et les mœurs, l'autel et le trône, tout était là : c'était là qu'était la patrie. Tant que ces antiques lois, respectées par les conquérans, n'eurent à souffrir aucune atteinte, l'Égypte fut assez puissante pour rejeter de son sein l'usurpation. Quand ces lois furent renversées, l'empire des pharaons s'écroula avec elles : la terre qu'avaient habitée les dieux, qu'avaient illustrée les sages, que décoraient les arts, devint pour toujours la proie des barbares, et le sceptre de Sésostris ne fut plus porté que par des mains étrangères. L'Égypte était, pour ainsi dire, tombée dans le domaine public des nations.

Au commencement du huitième siècle avant notre ère, les Éthiopiens descendirent le Nil, sous la conduite de Sabacon, et vinrent s'emparer de la royauté. Mais ces peuples suivaient les mêmes usages et avaient les mêmes croyances religieuses que les Égyptiens ; c'étaient les enfans d'une même civilisation. Rien ne fut donc changé aux lois du pays, et quarante ans s'étaient à peine écoulés, que l'Égypte était redevenue libre ; la dynastie des Saïtes avait été rétablie et le trône national relevé. Lorsque, deux siècles plus tard, les Perses arrivèrent, instruits sans doute par l'exemple des Éthiopiens, ils usèrent d'une politique différente. Ils sentirent que toute l'énergie du peuple vaincu résidait dans l'ensemble de son organisation civile et morale, et dès-lors ils résolurent d'anéantir tout ce qui était établi. Les Égyptiens défendirent leurs institutions avec un courage et une constance admirables. L'histoire nous les montre, durant un intervalle de plus de deux cents ans, luttant avec effort contre les empiétemens de la tyrannie étrangère. Mais Cambyse avait fortement ébranlé les divers appuis de l'état, et tour à tour vaincus ou vainqueurs dans cette lutte magnanime, les Égyptiens ne purent jamais entièrement secouer le joug des oppresseurs. C'en était peut-être fait de l'Égypte, si Alexandre ne fut venu l'affranchir de cette odieuse servitude.

En changeant de maîtres, l'Égypte changea de destinées. Les Macédoniens, vainqueurs plus éclairés, plus généreux, ne portèrent pas une main sacrilége sur ce qui avait échappé à la fureur de Cambyse. Mais cette modération des Grecs fut encore plus funeste aux anciennes doctrines que ne l'avait été la brutale férocité des Perses. À l'arrivée d'Alexandre, les mœurs de deux peuples policés se trouvaient en présence; des points de contact furent établis et le mélange s'effectua. Cette alliance dangereuse acheva de ruiner le système égyptien : le génie insinuant des Grecs pénétra par degrés dans toutes les ramifications de l'ordre social, et altéra partout le type primitif. On érigeait encore des temples aux dieux de l'Égypte, mais les traditions du culte perdaient chaque jour de leur pureté, et le véritable sens des dogmes n'était plus compris que dans l'intérieur des sanctuaires. On employait encore les hiéroglyphes dans les inscriptions monumentales, et cependant les contrats publics étaient rédigés dans l'idiome des vainqueurs. Plus tard, l'alphabet grec accru et modifié selon les besoins de la langue nationale devait remplacer, sous le nom d'écriture copte, l'écriture savante et mystérieuse des Égyptiens [1]. Toutefois, une gloire

[1] Grâce aux importans travaux de M. Champollion le jeune, l'écriture hiéroglyphique cessera bientôt d'être un mystère pour nous : ce savant, dont le nom appartient désormais à l'histoire, a presque entièrement soulevé le voile qui couvrait le système graphique des anciens Égyptiens. Cette découverte inattendue, à laquelle se rattachent tant de questions archéologiques, acquiert chaque jour plus d'importance à mesure que de nouveaux faits et des observations plus récentes en confirment ou en étendent les résultats. J'ai pensé qu'une notice succincte sur la théorie des hiéroglyphes aurait ici d'autant plus d'intérêt pour le lecteur, que je la dois à l'obligeante amitié de M. Champollion.

Les Égyptiens avaient trois sortes d'écritures, savoir : l'*hiéroglyphique* ou *sacrée*, l'*hiératique* ou *sacerdotale*, et la *démotique* ou *populaire*.

ouvelle était venue consoler l'Égypte. Une ille opulente s'était élevée sur les bords de la léditerranée, et quoique agrandie aux dépens e l'ancienne capitale, elle avait jeté un vif éclat ır le berceau des Pharaons. Sous le règne de hiladelphe, le commerce de l'Inde prit des ccroissemens inattendus; le fameux canal de ommunication entre Suez et la Méditerranée ıt reconstruit. On établit des ports sur la mer

I. De l'écriture hiéroglyphique.

Cette écriture consistait dans l'emploi *simultané* de trois pèces de signes bien distinctes : 1° de caractères *figuratifs* ou ›présentant l'objet par la figure de l'objet même; 2° de caıctères *symboliques* ou exprimant une *idée* par l'image d'un bjet physique qui avait avec cette idée une analogie vraie ou nvenue; 3° de caractères *phonétiques*, c'est-à-dire expriant les *sons* : tout signe *phonétique* était l'image d'un objet hysique dont le nom, en langue égyptienne, commençait par *articulation* ou la *voix* que ce signe lui-même était destiné à ›présenter. Les caractères *phonétiques* étaient donc de vériıbles signes alphabétiques.

Pour se faire une idée précise de ce système complexe d'écriıre, qui au premier coup d'œil paraît compliqué, il faut conevoir que dans tout texte hiéroglyphique, les trois espèces de gnes que nous venons de définir étaient employés concurramıent et selon les besoins de la phrase. Ainsi, parmi les idées qui omposent une phrase quelconque, les unes étaient de nature à

Rouge, et une route tracée à travers le désert joignit Coptos à Bérénice. Bientôt les Égyptiens virent toutes les richesses du Gange affluer sur les rives du Nil, et Alexandrie devint le lien des deux continens.

Ainsi, la grandeur égyptienne venait d'être relevée, mais sur une base différente. Les arts ne furent point oubliés dans cette nouvelle civilisation. Les grâces de l'Ionie vinrent tempérer l'austère gravité des Égyptiens, et un pacte se

être représentées *figurativement*, les autres *symboliquement*, et d'autres enfin par un groupe de signes *phonétiques*. Dans tout texte égyptien, il entre au moins deux tiers de signes *phonétiques*, et dans les mots écrits *phonétiquement* on supprime presque toujours les voyelles médiales, comme cela se pratique dans diverses écritures orientales.

II. De l'écriture hiératique.

L'écriture *hiératique* n'est qu'une simple *tachygraphie* de l'écriture *hiéroglyphique*, et en dérive immédiatement. Dans ce second système, qui, comme le premier, est à la fois *figuratif*, *symbolique* et *phonétique*, la forme des signes est considérablement abrégée.

III. De l'écriture démotique.

Les signes de cette troisième écriture, empruntés à l'*hiératique*, sont tous simples, moins nombreux, et la plupart *phonétiques*. Il s'y mêle fort peu de caractères *symboliques*, et les signes *figuratifs* en sont entièrement exclus.

fit entre les Muses et le savoir. Tous les ouvrages connus jusqu'alors furent rassemblés à grands frais de diverses contrées de la terre. Philadelphe les ayant réunis à Alexandrie, par les soins de Démétrius de Phalère, forma cette fameuse *bibliothéque des Ptolémées*, dont Amrou a déshérité le monde savant. On voulut joindre à ces trésors de l'antique littérature une traduction grecque des livres de Moïse, et le pontife Éléazar ayant choisi dans chacune des douze tribus israélites les six docteurs les plus instruits, les envoya à Alexandrie. C'est là qu'ils publièrent la traduction du Pentateuque, qu'on a depuis appelée la *version des Septante.* Dans le même temps, Manéthon, grand-prêtre de Sébennyte et gardien des archives sacrées, écrivait son histoire de l'Égypte, dont les précieux fragmens, parvenus jusqu'à nous, sont encore d'une autorité révérée dans l'étude de la chronologie égyptienne.

Si cette première époque des Ptolémées fut brillante, elle dura peu. La dynastie dégénéra. On perdit la mémoire des vertus de Soter et de Philadelphe. La mollesse et la discorde entrèrent ensemble dans le palais des Lagides, et travaillèrent à le ruiner; aux soins de l'administration succédèrent de bruyantes orgies, et la pourpre des rois fut ensanglantée par de fréquens parricides. Philopator fait périr sa mère, son frère, sa femme, et il épouse une prostituée. Épiphane, livré à de honteuses débauches, empoisonne son précepteur Aristomène, et meurt lui-même par le poison. Physcon, l'horrible Physcon, déjà meurtrier du fils de son frère, égorge bientôt son propre enfant; et, renouvelant le festin sanglant d'Atrée, il fait servir sur la table de son épouse les membres encore palpitans de ce fils qu'il avait eu d'elle.

Affaiblis par des querelles de famille, les derniers successeurs d'Alexandre ne pouvaient long-temps soustraire l'Égypte à l'ambition de Rome, qui avait déjà englouti tant de sceptres. Quand l'anarchie se glisse dans le conseil des princes, elle descend bientôt du trône dans le peuple; et alors, si les citoyens s'arment contre les citoyens, si les calamités publiques commencent, si la patrie est déchirée, l'étranger est toujours là pour recueillir les dépouilles. Les Romains s'étaient introduits en

Égypte comme médiateurs; ils s'y maintinrent comme maîtres : telle est la fin ordinaire des protections politiques. Cléopâtre mourut du moins en reine, après avoir vécu en courtisane. En passant sous la domination des Romains, l'Égypte avait quelque droit, peut-être, d'aspirer à un avenir plus digne d'elle. Associée à la fortune des césars, elle pouvait prétendre désormais à tous les genres d'illustrations. Que ne devait-elle pas espérer du peuple qui, composé d'abord d'une poignée d'hommes obscurs échappés d'Albe, était parvenu, à force de génie et de valeur, à faire d'une misérable bourgade la capitale du monde connu? Déjà le siècle immortel d'Auguste était commencé. Les destinées de l'Égypte allaient sans doute recevoir une impulsion extraordinaire. La contrée qui avait policé la Grèce, méritait de détourner sur elle quelques rayons de la splendeur de Rome : Thèbes tout entière allait sortir de ses débris avec ses dieux, ses palais et sa gloire..... Qui le croirait cependant? les Romains, maîtres de l'Égypte, ne firent rien pour elle; ils la regardèrent comme une province de plus ajoutée à leurs possessions; ils y furent constamment au-dessous de leur renommée. « Ces Romains, ai-je dit ailleurs, la seule nation, peut-être, qui eût été digne d'apprécier les vestiges d'un grand peuple, semblèrent ne voir dans l'Égypte que la fertilité de son territoire. Dans les institutions qu'ils lui donnèrent, tout fut rapporté à l'agriculture. Le berceau des sciences devint le grenier de Rome; et, chose étonnante, les Césars firent moins que les Ptolémées! Ils se contentèrent d'enlever aux Égyptiens quelques-uns de leurs obélisques, et leur envoyèrent en échange des *préfets* pour les gouverner : la souveraineté de l'Égypte ne fut plus qu'une espèce de fermage. On vit même, sous Tibère, des affranchis, munis d'un bail, aller s'asseoir insolemment sur le trône des Pharaons! Il faut moins reprocher à Omar, fanatique héritier d'un faux prophète, d'avoir fait brûler la bibliothéque d'Alexandrie [1], qu'à ces Romains civilisés, de s'être montrés presque indifférens aux doctes souvenirs de l'Égypte; de cette Égypte qui avait donné des leçons de

[1] Encore faut-il dire qu'une grande partie de cette bibliothéque avait déjà péri durant la guerre de César.

sagesse aux hommes réputés les plus sages de la terre, et dont le sol était encore empreint des pas d'Homère, de Pythagore et de Platon ! »

Tandis qu'au temps d'Héraclius, l'Égypte chrétienne abandonnait ses loisirs aux disputes d'une théologie subtile, un homme était né dans les déserts de l'Arabie, et cet homme devait changer la face du monde. Armé de la double autorité du glaive et de l'éloquence, Mahomet prouva qu'il était prophète après avoir montré qu'il était guerrier. Entouré d'un peuple enthousiaste, il fit passer ses concitoyens de l'admiration au fanatisme et du fanatisme à la gloire. Politique habile, il fit servir les revers même au développement de sa grandeur : chassé de la Mecque, sa fuite fut presque un triomphe ; elle devint le signal de sa puissance ; elle fut le commencement d'un règne qui dure encore ; elle introduisit une nouvelle ère dans la série des temps. Mahomet venait d'allumer un incendie qui ne devait plus s'éteindre, et dont les flammes rapides allaient embraser l'Asie et l'Afrique.

Héritiers du Coran, les premiers successeurs du prophète héritèrent aussi de son glaive et de son ambition. Jusque là, les Arabes, divisés en tribus, obéissant à des chefs différens, parcourant sans but leurs déserts, dénués de toute existence politique, et toujours en guerre entre eux, n'avaient eu ni lois, ni discipline, ni gouvernement : c'étaient des familles, mais ce n'était pas une société. Mahomet avait réuni leurs tribus errantes, et il en avait fait une nation.

Les premières ferveurs du prosélytisme enfantèrent bientôt la soif des conquêtes. Déjà les routes de la Syrie étaient frayées, et l'étendard du premier calife avait flotté sur les murs de Damas. Héraclius, épouvanté, retourne à Constantinople, d'où il dirige contre les Sarrasins toutes les forces de l'empire; mais ses armées essuient à Yarmouk une déroute sanglante. Omar, déjà maître de Balbek, se fait ouvrir les portes de Jérusalem, et l'audace croissant avec le succès, il envoie les musulmans à la conquête de l'Égypte. C'est en vain qu'Héraclius équipe de nouvelles troupes et veut arrêter l'invasion; tous ses généraux sont battus. Amrou n'a que quatre mille hommes sous ses ordres; mais l'enthousiasme, plus fort que les armées, le conduit vainqueur jusqu'aux rives du Nil. Neuf ans après la mort de Mahomet, la Syrie entière avait été soumise au Coran, et l'Égypte déclarée province du califat.

C'est ici que commencent les temps modernes : l'ancienne Égypte n'existe plus. Déjà, sous les empereurs d'Orient, la religion du Christ avait effacé jusqu'aux derniers vestiges du culte égyptien. Sous les califes, la loi de Mahomet vient à son tour lutter contre l'Évangile : le christianisme, resserré en Égypte, répare ses pertes en s'étendant vers le sud, et porte jusqu'au fond de l'Éthiopie ses consolantes clartés. La langue arabe, langue forte, poétique et sonore, se répand avec rapidité dans les provinces, et devient l'idiome de la nation. Pendant ce temps, les Abbassides fondaient Bagdad sur les bords de l'Euphrate, et y établissaient leur empire. La littérature arabe prit, sous leur règne, un essor brillant, et s'éleva à son plus haut point de splendeur.

Mais les Abbassides virent enfin décliner leur puissance. Plusieurs provinces, dont l'administration avait été confiée à des gouverneurs amovibles, secouèrent l'importune suprématie de

Bagdad, et formèrent autant d'états distincts, seulement tributaires de la métropole. L'Égypte fit plus : elle s'affranchit entièrement de la tutelle, et déclara son indépendance. La maison d'Aly, exclue jusqu'alors de l'héritage du prophète, quoique désignée par Mahomet lui-même, crut voir dans cette contrée un théâtre plus favorable à l'établissement de ses droits méconnus. Mahadi Obéidallah, descendant de cette illustre famille, ayant rassemblé tous les partisans de sa cause, aborde en Afrique, et s'empare d'Alexandrie; mais la conquête de l'Égypte n'est achevée que par son petit-fils Moèz, le troisième calife après lui, et le premier qui porta le titre de Fatémite [1]. Depuis cette époque, le nom du calife de Bagdad fut supprimé des prières publiques, et, chose inouïe jusqu'alors, il y eut à la fois deux princes régnans dans l'islamisme. Moèz poursuivit avec ardeur la construction de la ville du Kaire, dont son ministre Jauhar avait jeté les premiers fondemens. Pour hâter l'agrandissement de la nouvelle capitale, on détruisit Fostat, [2] qu'Am-

[1] Du nom de Fatima, fille de Mahomet et épouse d'Aly.

[2] Jusqu'alors le siége du nouveau califat avait été établi à

rou avait fait bâtir à l'endroit même où l'on avait dressé sa tente. Cette ville avait déjà succédé à Babylone, fondée par les Perses, comme Babylone avait succédé à Memphis. Alexandrie était depuis long-temps déchue de sa magnificence, et à mesure que sa population avait diminué, on avait été obligé de réduire son étendue; la nouvelle enceinte dont on l'entoura, sous les califes, est aujourd'hui appelée l'enceinte des Arabes.

Le règne de ces princes fut comme celui de tous les successeurs de Mahomet, un mélange de grandeur d'âme et de perfidie, de vertus et d'actions révoltantes, de clémence et de cruauté. L'histoire cite avec honneur l'éloquence de Mansour, la bravoure de Moèz, la générosité d'Aziz et la sagesse de Mostanser.

Les partisans des Abbassides contestaient sans cesse l'origine des Fatémites: un témé-

Mahadie, ville fondée par le premier Fatémite, qui lui avait donné son nom: elle était située sur les plages de la Lybie, dans le voisinage de Kairouan, l'ancienne Cyrène. Elle fut encore la résidence de Kayem et de Mansour, second et troisième califes. Quand Moèz transféra, de Mahadie au Kaire, la résidence du califat, il fit porter avec lui les restes de ses ancêtres, auprès desquels il voulait être inhumé dans la nouvelle capitale.

raire ose un jour demander à Moèz, avec un doute insultant, de quelle branche des Alides il descendait; le calife tire son sabre du fourreau et le montrant au questionneur : « Voilà, « dit-il, ma généalogie ! » Puis, jetant de l'or à pleines mains sur le peuple, il ajouta : « Et « voilà ma noblesse! » C'est ainsi que Moèz plaçait la véritable grandeur des princes dans leur bravoure et dans leur générosité.

Un poëte avait composé contre le premier ministre d'Aziz une satire injurieuse où le calife lui-même était outragé. Le vizir vient demander à ce prince le châtiment du coupable : « Puisque je suis de moitié avec vous « dans l'injure, lui répond Aziz, partagez avec « moi le mérite de la clémence : pardonnons-« lui tous deux. »

Mais à des traits si honorables l'histoire peut opposer la vie entière de Hakem Biamrillah, dont le règne fut un long scandale. Parmi les nombreuses extravagances qui lui méritèrent le nom d'insensé, il faut placer au premier rang l'ordre qu'il donna d'incendier une partie du Kaire, pendant que l'autre partie était pillée par ses soldats. Il eut ensuite l'étrange manie de se faire révérer comme prophète, et tous les matins il se rendait seul sur le sommet du Mokattam, où il prétendait avoir, comme Moïse, des entretiens avec Dieu. La religion du Coran fut même menacée d'une ruine totale : il suspendit le pèlerinage de la Mecque; le jeune du ramadan fut interdit, et les prières supprimées; Hakem décréta une malédiction publique contre les premiers successeurs de Mahomet, qu'il déclarait les usurpateurs d'un héritage où Aly seul était appelé. Mais ce prince périt victime de sa propre fraude : il fut trouvé mort un matin sur le sommet du Mokattam [1].

Pendant qu'Adhèd, dernier calife fatémite, gouvernait avec une magnificence et une libéralité dignes des plus beaux temps des Abbassides, les croisés pénètrent en Égypte avec des forces considérables. Déjà, sous le règne de Dafer, la ville d'Ascalon, qui relevait du califat, était tombée au pouvoir des chrétiens. Guy de Lusignan, à la tête de cette nouvelle armée, s'empare de Belbéis et se présente bientôt de-

[1] Ce même Hakem est révéré par les Druzes comme un être divin dont ils font l'objet principal de leur culte.

vant la capitale, où il force le calife à capituler. Il est stipulé qu'un million de dinars sera payé aux croisés; et à ce prix, Lusignan doit évacuer le territoire. Toutefois les chrétiens pénètrent dans la ville; les habitans, consternés, obligent Adhèd à demander des secours à Noureddin, gouverneur de la Syrie. Noureddin dirige aussitôt sur le Kaire quatre-vingt mille cavaliers, sous les ordres de Chirkouh, l'un de ses plus habiles capitaines. Au premier avis de sa marche, les croisés se hâtent de quitter l'Égypte, et le général syrien fait son entrée dans la capitale, où Adhèd le reçoit avec tous les égards dus à son rang; il le nomme même son libérateur, et ne mettant aucune borne à sa reconnaissance, il lui offre à sa cour la place de premier ministre [1] et le commandement suprême de ses armées. Chirkouh accepte les bienfaits du calife; mais deux mois après, la mort vient le surprendre au milieu de ses nouveaux honneurs. Adhèd, toujours généreux et toujours confiant, revêt

[1] Selon Aboulféda, le vizirat était alors occupé par Schaver, qui fut tué par Saladin.

de la charge de vizir le neveu même du ministre qu'il venait de perdre. C'était ce fameux Saladin qui devint depuis la terreur des croisés, et fut un des plus illustres guerriers de son époque.

Saladin, dont l'humeur ambitieuse ne pouvait long-temps s'accommoder du rôle de vizir, porta ses regards plus haut, et conçut le hardi projet de déposséder le calife. Son génie actif atteint bientôt le but que son ambition avait entrevu. Mais couvrant d'abord ses desseins d'un voile légitime, il parle de restituer l'Égypte à l'autorité des Abbassides : fort de leur nom et docile aux vœux secrets de Noureddin, son ancien maître, il s'empare de toutes les avenues du pouvoir. Tandis qu'il consommait ainsi son usurpation, l'infortuné Adhèd, retenu dans son palais par une maladie qui menaçait ses jours, ne savait encore rien des événemens qui se passaient autour de lui ; il expire même sans avoir appris le renversement de sa puissance et l'ingratitude de Saladin. A peine a-t-il rendu le dernier soupir, que celui-ci, maître de la citadelle et des trésors du califat, se fait proclamer sultan d'Égypte.

Confondu dans les rangs d'une armée, Saladin n'eût été qu'un soldat valeureux; monté sur le trône, il devint un grand prince. Là, comme sur un théâtre plus élevé, son génie tout entier se développa. Mais cédant à l'instinct de sa première éducation, il consuma sa vie à combattre et à conquérir. La guerre ne lui laissa que quelques intervalles de repos, et quand il se reposa, il fut législateur. Il honora surtout les commencemens de sa puissance par des fondations pieuses et des établissemens d'utilité publique; il fit construire plusieurs mosquées où l'on enseignait la théologie musulmane selon la doctrine chaféite, l'une des quatre sectes orthodoxes de l'islamisme. Libéral, affable, religieux, clément, Saladin mérita le deuil général dont sa mort fut suivie. Quelques traits achèveront de le peindre. Il s'était fait une telle réputation de justice, qu'un habitant de Jérusalem eut la hardiesse de le citer devant le cadi pour réclamer un héritage que le sultan avait recueilli. Le juge, surpris de tant d'audace, écrivit aussitôt à Saladin pour lui exposer les étranges prétentions de cet homme, et lui demander ce qu'il fallait faire: «Ce qui est juste,» répondit le sultan; et au jour de l'assignation, il se transporta chez le cadi comme l'eût fait un simple citoyen, plaida lui-même sa cause et la gagna. Alors, loin de punir la témérité de son adversaire, il le combla des marques de sa munificence, et le remercia d'avoir eu une si bonne opinion de son intégrité.

Un jour, pendant qu'il délibérait avec ses généraux sur les intérêts les plus graves, une femme se présente un placet à la main. Saladin ordonne qu'on la fasse attendre : « Et pourquoi, « lui cria-t-elle, es-tu notre roi, puisque tu ne « veux pas être notre juge? — Elle a raison, » dit le sultan; et, suspendant aussitôt la délibération, il s'avance vers elle, lit son placet, et la congédie satisfaite.

Quoique dès les premiers pas de sa carrière, Saladin eût montré beaucoup d'ambition, plus tard il sut apprécier les grandeurs humaines à leur juste valeur. Pendant sa dernière maladie, il voulut qu'au lieu du drapeau qu'on avait coutume d'élever devant sa porte, on fît flotter aux yeux de la multitude le linceul qui devait l'ensevelir. Celui qui tenait cet étendard funèbre, criait à haute voix : *Voilà tout ce que*

Saladin, vainqueur de l'Orient, emporte avec lui de ses conquêtes!

Après la mort de ce prince illustre, le trône d'Égypte demeura dans sa famille, et ses descendans portèrent le nom d'Ayoubites [1]. Cette nouvelle dynastie ne marcha point sur les traces glorieuses de son fondateur; elle compta peu de princes, et le dernier fut remplacé par un esclave. Alors commença, avec les sultans Baharites, la domination tumultueuse des mamlouks, qui restèrent maîtres absolus de l'Égypte, jusqu'à la conquête de Sélim Ier, empereur de Constantinople. De longs et cruels déchiremens signalèrent ces temps de désordre et de barbarie. Jamais tant de calamités ne s'appesantirent sur une même contrée. Le pouvoir devint tour à tour l'apanage de la révolte ou la récompense de l'assassinat: en moins de deux siècles et demi, quarante-sept tyrans se succédèrent. L'histoire de cette époque de l'Égypte est écrite en lettres de sang. Ce n'est pas que d'intervalle en intervalle, quelques traits inattendus de grandeur d'âme

[1] Du nom d'Ayoub, père de Saladin. Le célèbre géographe Aboulféda était issu de cette famille.

ne viennent, comme de subites clartés, sillonner cette nuit profonde.

Deux batailles livrent à Sélim la Syrie et l'Égypte. Campsou el-Gauri, dernier sultan mamlouk, périt les armes à la main; ses soldats lui donnent à la hâte un successeur dans la personne de Touman-Bey; mais Sélim, vainqueur, fait son entrée au Kaire, et Touman-Bey est pendu à l'une des portes de la ville.

L'Égypte cessa dès-lors de former un état indépendant, et releva du trône de Constantinople. Cependant la puissance des mamlouks n'y fut pas entièrement anéantie : dès les premiers temps de son avènement à l'empire, Soliman II, fils de Sélim, étant venu lui-même en Égypte, y organisa un gouvernement où les divers pouvoirs étaient balancés, et régla le système de l'administration territoriale : c'était ce même Soliman qui devait plus tard effrayer l'Europe de sa renommée, et balancer la fortune de Charles-Quint.

On se souvenait que, sous les Abbassides, les gouverneurs des provinces du califat avaient plus d'une fois méconnu l'autorité de Bagdad : un divan fut donc créé pour opposer un frein à l'ambition des pachas. Composé en grande partie des principaux chefs de l'armée ottomane, cette assemblée avait le droit, dans les occasions graves, de suspendre les ordres du vice-roi et d'en référer à Constantinople. L'administration des provinces de l'Égypte fut confiée à vingt-quatre chefs de mamlouks, qui avaient le titre de beys, et dont l'investiture émanait du divan. Ils ne devaient exercer qu'une influence secondaire dans les délibérations du conseil.

Mais vers le milieu du siècle dernier, ces beys, qui étaient déjà parvenus à usurper les premiers grades dans les différens corps de la milice turque, et qui avaient promu leurs affranchis aux emplois les plus importans de l'état, tentèrent de décliner l'autorité de la Porte. L'un d'eux, nommé Ibrahym, se voyant à la tête d'une maison nombreuse et s'étant fait un parti considérable, afficha ouvertement la révolte. Aly-Bey alla plus loin : né avec un génie ardent et capable de concevoir les projets les plus vastes, il aspirait à la souveraineté de l'Égypte, et il y fût sans doute parvenu sans la défection et la perfidie de son favori. Cet Aly-Bey, qui a long-temps fixé l'attention publique, a trouvé dans Volney un historien sévère, mais digne de l'apprécier. Il ne lui a manqué peut-être qu'une éducation européenne pour être un grand homme.

Ibrahym et Mourad, rivaux de puissance mais unis d'intérêts, semblèrent se partager son génie; l'un hérita de son habileté dans les conseils, et l'autre de sa bravoure dans les combats. Quand l'armée française marcha sur le Kaire, l'une des premières rencontres [1] qu'elle eut avec les mamlouks, caractérisa tout à coup ces deux chefs. Mourad, dont la fougueuse intrépidité se conciliait mal avec les lenteurs de la prudence, courut au-devant des Français et accepta ou plutôt imposa la bataille où il fut vaincu; Ibrahym, campé sur la rive opposée du fleuve, attendit avec calme que la fortune eût prononcé.

Un événement à jamais mémorable et qui pouvait régénérer l'Égypte, ce fut sans contredit l'expédition des Français. Sans le départ soudain de Bonaparte, sans l'assassinat de Kléber, sans l'impéritie de Menou, cette contrée

[1] La bataille des Pyramides.

serait encore aujourd'hui une province française : ces causes, bien plus que les efforts combinés de l'Angleterre et de la Porte, ont fait échouer l'entreprise. Mais si la politique vit ses espérances anéanties, les arts conservèrent du moins leurs trophées : on avait déjà recueilli les divers élémens qui devaient former le magnifique ouvrage de la *Description de l'Égypte*, seule et immortelle conquête qui soit restée à la France de cette glorieuse expédition.

Ce fut alors seulement que les nombreux vestiges de l'antiquité égyptienne furent révélés à l'admiration de l'Europe. Des voyages plus récens et de nouvelles découvertes ont depuis complété cette riche et majestueuse galerie où sont rassemblées tant de merveilles. La tranquillité dont jouit l'Égypte sous le gouvernement de Mohammed-Aly et la protection éclairée qu'il accorde à tous les voyageurs, ont surtout favorisé les recherches savantes. Par la sagesse de son administration, par des vues élevées, par une tolérance inconnue jusqu'à lui, ce prince s'est acquis depuis long-temps une célébrité européenne. L'éclat de deux expéditions militaires est venu encore ajouter à sa renommée : en portant la guerre dans l'Arabie, Mohammed-Aly y a renversé une secte déjà redoutable et dont les accroissemens rapides menaçaient d'envahir l'Orient. Ses conquêtes dans l'Éthiopie ont répandu la gloire de ses armes jusqu'au delà du Sennâr et dans des lieux où aucune armée n'avait encore pénétré.

Par quel prodige étonnant l'Égypte, tant de fois conquise et toujours ravagée, a-t-elle pu conserver jusqu'à nous des édifices qui ont passé sous le fer de tant de barbares ? Mais des dangers d'un nouveau genre menacent aujourd'hui ces restes mutilés de son antique splendeur : il n'est pas une seule capitale de l'Europe qui, à l'exemple de Rome et de Byzance, ne s'enorgueillisse de posséder quelque débris de l'héritage des pharaons. Ce n'était pas assez que l'Égypte eût à défendre ses monumens contre l'ignorance stupide qui les détruit, elle doit encore les disputer à la civilisation indiscrète qui l'en dépouille. Pourquoi faut-il que l'admiration ait ses ravages comme la barbarie, et que l'enthousiasme ait presque l'air de la haine ?

Si les antiquités de la Grèce se parent à nos yeux de tout le charme de nos études favorites, si elles nous rappellent ces noms harmonieux avec lesquels on a bercé notre adolescence, il est dans les souvenirs de l'Égypte quelque chose de plus solennel qui semble agrandir notre être. Ses ruines imposantes, où vit encore l'empreinte de tous les arts, furent jadis un grand empire dont le berceau remonte au delà des siècles connus. Elles nous attestent les premières conquêtes de l'homme sur les secrets de la nature ; elles nous montrent les fils d'Adam dans l'exercice de toutes leurs facultés intellectuelles : ce n'est point l'homme encore sauvage, s'essayant à peine à l'ébauche de la société et disputant aux bêtes féroces ou leurs grossiers alimens ou leurs fragiles demeures ; c'est l'homme, roi de l'univers, dans le libre développement de sa puissance et de sa raison, soumettant à ses hardis calculs l'immensité des cieux, et forçant les élémens à devenir les ministres de ses volontés ou les esclaves de ses besoins. Les débris de la Thébaïde, portés au sein même de l'Europe, sont comme des envoyés de l'antiquité qui viennent proclamer à la face des peuples modernes les travaux des générations primitives. Semblable à cette arche privilégiée qui a survécu au naufrage du monde, la civilisation égyptienne vient nous apporter des nouvelles des premiers habitans de la terre.

Voilà les monumens ; mais où sont les hommes ? Où sont ces anciens Égyptiens qui furent les oracles de l'univers ? Comment a pu s'éteindre une si grande renommée ? Comment tant de travaux ne les ont-ils pas garantis du sort des peuples vulgaires ? Ou plutôt, s'il faut sonder l'origine secrète de ses malheurs, pourquoi l'Égypte, toujours si sage, fut-elle une fois ambitieuse ? En marchant à la conquête du monde, Sésostris préparait des fers pour sa patrie. Jusque-là, recueillie dans sa propre force et jouissant en silence du bienfait de ses lois, l'Égypte avait refusé de prendre part aux événemens qui se pressaient autour d'elle. Pendant que cette époque de l'histoire est tout entière occupée par les révolutions des Assyriens et des Mèdes, l'Égypte ressemblait à un môle inébranlable au pied duquel s'agite une mer orageuse. Calme parce qu'elle était inaccessible, elle voyait s'engager sous ses yeux cette lutte effrayante des trônes ; et, comme si, parvenue par le chemin de la sagesse au sommet de la dignité humaine, elle eût craint de compromettre sa gloire dans de pareils débats, elle avait dédaigné de descendre elle-même dans l'arène. Mais, à la fin, elle s'avisa d'être conquérante, et elle paya cher l'honneur d'avoir attaché des rois vaincus à son char de triomphe : Sésostris avait humilié les nations ; les nations s'en souvinrent, et les Perses prouvèrent les premiers qu'ils avaient de la mémoire.... Méditez cet exemple, grands de la terre, qui présidez aux destinées des peuples ! Et vous, que l'ambition tourmente ou que la cupidité dévore, hommes du monde, allez rêver un moment sur les ruines de Thèbes : elles apaiseront peut-être les passions tumultueuses qui ravagent votre existence. Ces débris vous diront que toutes les créations humaines sont périssables ; et, pensant à ce qu'étaient jadis les Égyptiens, vous douterez alors de l'éternité de vos honneurs terrestres ; vous reviendrez au culte sublime de la vertu, parce que la vertu seule est immortelle. Les empires se heurtent et se renversent, les grandeurs s'écoulent comme un torrent, le cercueil emporte sans retour la dépouille des rois, les cités entières disparaissent, tout périt. Mais l'Histoire, d'une main hardie, soulève le linceul que le temps a jeté sur la sépulture des nations : à sa voix puissante, la vertu, évoquée de la tombe, reste debout sur les ruines, et survit à tant de néant !

FIN.

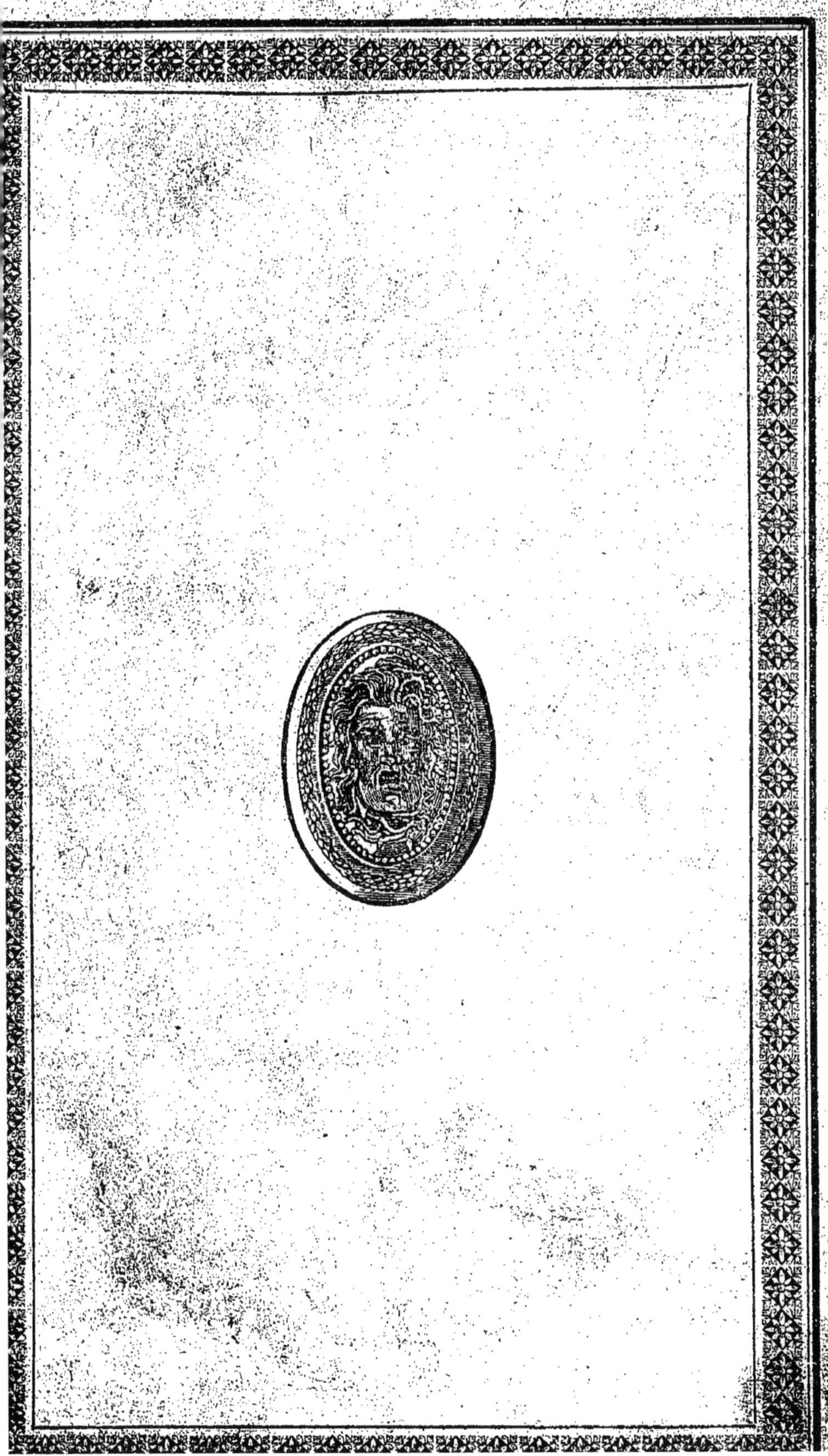

www.ingramcontent.com/pod-product-compliance
Ingram Content Group UK Ltd.
Pitfield, Milton Keynes, MK11 3LW, UK
UKHW020215200726
13856UKWH00004B/1417

9 782013 245210